a princesa salva a si mesma neste livro

a princesa salva a si mesma neste livro

amanda lovelace

tradução
izabel aleixo

LeYa

Título original: the princess saves herself in this one

Preparação: Lina Rosa
Revisão: Cris Cessim Caz
Capa: Leandro Dittz

Dados Internacionais de Catalogação na Publicação (CIP)
Angélica Ilacqua CRB-8/7057

Lovelace, Amanda
A princesa salva a si mesma neste livro / Amanda Lovelace ; tradução de Izabel Aleixo. – Rio de Janeiro : LeYa, 2017.

ISBN 978-85-441-0659-4
Título original: The Princess Saves Herself in This One

1. Poesia Norte-Americana. 2. Autorrealização (Psicologia) em Mulheres – Poesia. 3. Mulheres – Poesia. 4. Feminismo. I. Título. II. Aleixo, Izabel.

17-1476 CDD 811.6

Índices para catálogo sistemático:
1. Poesia Norte-Americana

EDITORA CASA DA PALAVRA
Avenida Calógeras, 6 | sala 701
20030-070 — Rio de Janeiro — RJ
www.leya.com.br

para o menino que sobreviveu.
obrigada por me inspirar a ser
a garota que resistiu.
você tem
um raio na testa
para mostrar isso,
e meu corpo inteiro é
uma tempestade.

sumário

aviso I:

este livro não é
um conto de fadas.

não há nenhuma
princesa.

não há nenhuma
donzela.

não há nenhuma
rainha.

não há nenhuma
torre.

não há
dragões.

há apenas
uma garota

diante da
difícil tarefa

de aprender a
acreditar

nela mesma.

aviso II:

final feliz
à frente.

aqui jazem
as cruas
não lapidadas,
& na sua maioria
desarticuladas
partes da
minha alma.

ah, a vida...
a coisa
que acontece
conosco
enquanto estamos distraídos
em algum outro lugar
soprando
dentes-de-leão
& desejando
estar nas
páginas do
nosso conto de fadas
favorito.

era uma vez...

I. a princesa

~~a princesa~~ eu nasci
meio louca por livros.

podiam me encontrar acariciando
as lombadas dos meus livros

sozinha, trancada dentro
~~da minha torre~~ do meu quarto.

o tempo todo, eu esperava que meus livros
derramassem suas palavras delicadas

sobre o exuberante tapete verde
para que eu pudesse recolhê-las uma a uma

e saboreá-las como se fossem
frutas vermelhas na minha boca.

– para sempre colecionadora de palavras.

quando eu não
tinha amigos
entrava nos
meus livros
amados
& esculpia alguns
com times new roman
corpo 12.

– & isso era quase bom o bastante.

a garotinha
não está escutando...

está muito, muito ocupada
olhando pela janela,

fantasiando sobre
um mundo de

acontecimentos mágicos,
envelopes voadores,

corujas que piam,
gigantes adorados,

vassouras que
fazem mais do que varrer,

amigos que são
sempre leais,

& um trem
que a levará

para um lugar encantado
muito muito muito

longe
daqui.

– sob um feitiço perpétuo.

~~a rainha~~
minha mãe
sorria
ao me oferecer
um torrão de
açúcar
na
palma da mão.

avidamente,
eu aceitava.

abria
minha boca,
e delicadamente colocava um
(apenas um)
no centro
da minha língua,
& eu o
apertava.

sal.

isso é o que chamo de abuso:
saber que você vai
receber sal,
e ainda esperar receber açúcar
durante dezenove anos.

– você pode ter ido embora, mas ainda tenho dor no estômago.

uma noite
~~a princesa~~
~~eu~~
~~a princesa~~
~~eu~~
~~a princesa~~
~~eu~~

a princesa acordou
sentindo o castelo balançar

para trás & para frente
para trás & para frente
para trás & para frente

para trás & para frente
para trás & para frente
para trás & para frente

para trás & para frente
para trás & para frente
para trás & para frente

primeiro
ela pensou
um furação
deve estar passando,
mas estava
errada.

aonde
todas as
memórias vão,
aquelas que
escondemos
à chave
& tranca
mas estão
a nos moldar
d o   m e s m o
j   e   i   t   o?

– se não me lembro, isso aconteceu?

aos onze anos
o médico me pesou
& em seguida,
minha mãe me disse
que eu estava muito gorda
& precisava fazer
uma dieta
imediatamente.
por um ano inteiro,
a comida mal passou
pelos meus lábios.
eu nem permitia a mim mesma
tomar um gole de água
porque queria ser
tão magra que
pudesse ser carregada
pela brisa mais suave...
d e s a p a r e c e r.
perdi vinte e sete quilos
em poucos meses
& tinha que usar mangas compridas
para cobrir minha
única catarse.

– no entanto, todo mundo me dizia como eu estava ótima.

existem
algumas mães
que vão lhe avisar

para nunca, jamais,
(*nunca nunca*)
encostar no fogão,

mas existem
algumas mães que
vão arrastar você para lá,

pulando & dando gritinhos,
& rindo
enquanto

assistem às chamas
lamberem a ponta
dos seus dedos.

– quando lhe ensinam a ver o mundo através do fogo, nada parece seguro.

"solicitação de amizade __________"

a) da garota que disse que você era feia.
b) da garota que disse que sua voz era desafinada.
c) da garota que se recusou a defender você.
d) da garota que riu de você pelas suas costas & na sua cara.
e) da garota que roubava o dinheiro do seu lanche todos os dias porque dizia que você não precisava comer.
f) da garota que dizia que você era "gorda" mesmo depois de você quase morrer de fome.
g) da garota que supostamente era sua melhor amiga.
h) todas as respostas acima.

– continue ignorando, querida.

gorda
(gor.da) [ô]
adjetivo

1: palavra descritiva.
não tem nenhum significado profundo.
não deve determinar
o valor
(ou a falta de)
de um ser humano.

– *o que sei agora que gostaria de saber então.*

paus & pedras
nunca quebraram
meus ossos,

mas palavras
fizeram eu
me deixar morrer de fome
até
você poder
ver todos eles.

– pele & osso.

minha irmã & eu
passávamos as noites
desejando
as estrelas
de plástico,
que brilhavam no escuro
no nosso
teto.

– afinal de contas nós as colamos lá.

não havia
nunca
álcool o bastante
para manter mamãe aquecida
numa casa
tão fria quanto
e s s a.

– mas você continuava tentando, não?

você não deve
nunca amar
                              nada
mais do que
ama
seus próprios
filhos.

você não deve
nunca amar
                              ninguém
mais do que
ama
seus próprios
filhos.

– como você pôde?

agora que
penso sobre isso,

ela sempre
fez questão

de que eu a visse
arrancando

o balão
da minha mão

&
deixando-o

v o a r   p a r a   l o n g e.

havia
uma vez
~~seis~~ cinco
garotas
que
dividiam
cada parte
delas mesmas

sangue
&
segredos
&
amores
&
até mesmo
um diário.

mas
uma garota
pode apenas
sangrar
muito
antes de
encontrar
seu próprio óbito.

– vejo você na califórnia.

como pode
alguém
ser
jovem demais
para se
apaixonar
quando somos
feitos
de
    ondas do mar
    & luz de estrelas?

– um amor jovem.

uma manhã
acordei

com meus lençóis do menino bruxo
preferidos

manchados
de sangue.

implorei para
não acontecer,

& de repente
era como se

meu corpo não
fosse mais meu

mas de todo
mundo.

– não mudou muito desde então.

meu primeiro beijo:
à força
imobilizada,
uma boca
repetindo
não não não.

depois:
manchas roxas
&
o inconfundível
gosto de
sangue.

– nunca vou perdoar você.

você se
tornou o
astro
de todo
& qualquer
um dos
meus
pesadelos.

– você foi embora mas ficou.

sinto muito
por
não ser
a filha
que você tinha
em mente.

– só queria que você se orgulhasse de mim.

I.
a visão
do fio vermelho
desenhado
pela
lâmina
de aço.

II.
o
jeans
antes muito apertado
sambando
no
meu corpo.

– dois alívios inesperados para uma garota.

é estranho
como
i
r
m
ã
s
podem
ser
i
n
d
i
s
p
e
n
s
á
v
e
i
s
ou
i
n
i
m
i
g
a
s
& às vezes
um pouco das duas coisas.

– irmãs.

havia
alguns segredos

que ameaçavam
despedaçar

minhas
peças de porcelana

mas era preciso
me manter

inteira.

– eu não sabia nada.

– o silêncio sempre foi meu grito mais alto.

a princesa conta:

1. as cicatrizes no seu joelho.
2. o número de vezes em que o balanço vai lá no céu.
3. os livros na sua estante.
4. os fios soltos na sua blusa.
5. as letras nas suas palavras.
6. as telhas no teto.
7. os segundos que passam por ela.
8. os deveres de casa esquecidos.
9. as horas que faltam para ela voltar para cama.
10. os quilos na balança.
11. o número de vezes que ela mastiga.
12. a som suave dos seus passos.
13. as marcas de contar que faz no seu corpo.
14. os fios de cabelos que caem.
15. as estrelas que se apagam.

& depois começa de novo.
& depois começa de novo.
& depois começa de novo.
& depois começa de novo.
& depois ela começa de novo.

pássaros
não podem
v o a r
quando você
corta
uma das
suas asas.

você
não ficou
satisfeita
em cortar
apenas
uma das
minhas asas.

você tosou
as duas
bem perto
da raiz
para ter certeza
de que eu
n u n c a m a i s v o a s s e
para nenhum lugar
jamais
outra vez.

– mãe & filha.

como
eu não tinha
mais
minhas asas
usava
umas
falsas
cobertas
de glitter
dourado.

– uma aspirante a fada ao contrário.

chegou
um tempo
em que
a poesia
me mostrou
como
sangrar
sem
a necessidade
de sangue.

– meu amor mais leal.

costumava pensar
que estava doente

porque
nunca na vida

fiquei
sonhando acordada

que comia
romãs suculentas

da árvore
de outra pessoa.

*– depois aprendi que a sociedade é que
está doente, não eu.*

observar
a casa
que era
meu santuário
& meu inferno
se consumir
em chamas
foi
triste e alegre
mas muito mais

apenas
alegre.

– uma confissão.

se uma casa
não é
automaticamente
um lar,
então um corpo
também
não é
automaticamente
um lar.

– sempre me senti uma estranha na minha própria pele.

ela começa
a rasgar
as páginas

dos
seus livros
favoritos

& a enfiar freneticamente
a maçaroca de palavras
na boca,

rezando que fosse verdade
o fato de você ser
o que come

enquanto suga
o sabor da tinta da
ponta de seus dedos enegrecidos.

– não posso ser apenas uma garota de papel com uma vida de papel?

você pode
não ter deixado
(muitas) manchas roxas
na minha pele,
mas deixou manchas
roxas escuras gigantes
por toda
minha alma.

– ainda me pergunto quem eu deveria ter sido.

a princesa
fechou a si mesma longe
na torre mais alta,
esperando um cavaleiro
de armadura brilhante
que viria para
resgatá-la.

*– não me dava conta de que podia ser meu pró-
prio cavaleiro.*

II. a donzela

a donzela
deixou que os dragões
descessem do céu
& a levassem para longe
da feiura
do seu mundo.
sem saber,
ela estava apenas trocando
uma torre
pela outra.

– os mentirosos mais perversos de todos.

não tenho medo
dos monstros

escondidos debaixo
da minha cama.

tenho medo
dos garotos

com cabelos castanhos despenteados,
olhos apertados,

& bocas
que só sabem

como dizer
meias verdades.

– meus dragões.

se lembra quando
você me disse
que escreveu aquela
canção linda
para mim
& apenas para mim...
a sua
"única"?

bem,

posso
apostar
que você não
se lembra
de que já tinha
me mostrado a letra,
dizendo que era
para ela.

– você estava apaixonado pela ideia do amor, não por mim.

promessas
sussurradas
na chuva
serão levadas pela
á
g
u
a.

– direto para a porra do ralo.

eu era a única coisa
que ele tinha que negar...
a verdade bela
dentro da
terrível mentira dele.

– quem sabia que um coração tão jovem poderia se partir?

quando
meu dragão
de olhos
verdes
foi embora,

eu
peguei
uma faca
& cortei
meu cabelo
longo e lindo,
tirando
a única coisa
que
ele
amava
em
mim.

– terminou antes de começar.

"eu
podia
fácil
engolir
você
inteira."

– da boca insaciável do lobo mau.

ele me ama.
ele não me ama.

ele a ama.
ele não a ama.

ele me ama.
ele não me ama.

ele a ama.
ele não a ama.

ele me ama.
ele não me ama.

ele a ama.
ele não a ama.

ele me ama.
ele não me ama.

ele a ama.
ele não a ama.

ele me ama.
ele não me ama.

– eu ia arrancando as pétalas.

o sangue
corria
toda vez
que ele
me tocava
com a ponta
dos dedos.

– meu punhal & espinhos.

por um tempo
me parecia
que éramos
iluminados pelas estrelas,
sem conseguir
perceber que
éramos na verdade
amaldiçoados pelas estrelas.

– as estrelas nunca estiveram do nosso lado.

ele era feito de fogo
& eu era feita de gelo.

cheguei perto demais da
chama dele

& ele me derreteu
com suas brasas,

me reduzindo
a uma poça.

com o tempo
congelei de novo,

mas não era
mais a mesma...

uma imitação frágil e rala
do que eu era.

*– onde estava o medo que eu sentia do fogo
quando cheguei perto de você?*

"odeio você."

– a versão dele para "amo você".

quando
finalmente
chegou
a hora
de
ir embora,
ele
guardou
toda minha
poesia
numa
mala
& a levou
com
ele.

– primeiro meu coração, depois minhas palavras.

ele
prometeu
me consertar
&
                                        me deixou
mais
                                        d e s t r o ç a d a
do que eu era
antes.

– mas agora tenho ouro nas rachaduras.

tenho que
acreditar
que chegará
o dia
em que não vou
estremecer
toda vez
que ouvir
o nome dele.

– alguns nomes serão sempre malditos.

tenho
tanto amor
para dar,
mas ninguém
nunca
o quis.

– um copo transbordando.

se
o amor
é um
campo de batalha,
então eu
devo ter
esquecido
todas as
minhas armaduras
em
casa.

– uma guerra que nunca me dispus a lutar.

em todos
os meus sonhos
me via
colhendo
meus dentes
de
cima do
tapete.

– o que o dicionário dos sonhos diz?

minha
mãe
contou ao
médico educado
que era como se ela tivesse
estrelas brilhando
nos olhos
& elas eram
quase
bonitas
na opinião dela...
como se o
quatro de
julho
tivesse decidido
chegar
antes.

o médico
hesitou
antes
de lhe dar
a notícia.

"não são
estrelas.

é câncer."

– fumante por quarenta anos.

foi
quando estávamos
tomando nosso
costumeiro
café
tarde da noite.
sem
nenhum tremor
naquela
voz
solene,
ela se virou
para mim
& disse que
seu último
desejo
era que eu
espalhasse suas cinzas
no oceano
para que ela pudesse
finalmente voltar
para
casa.

– uma sereia fugitiva.

quando sua mãe
começa a esquecer
seu nome,
você começa
a se perguntar
se existe mesmo
afinal.

– estágio 4, terminal.

você pensa
que seus pais são
à prova de destruição
até que um dia
descobre que
eles não são.

– o que perder a inocência significa de verdade.

estou exausta
de todo mundo
ficar me dizendo
como sou
forte.

eu?
forte?

apenas finjo ser forte
porque é
a única distração
que tenho de
pensar na

minha inevitável vida
sem mãe.

– uma pena disfarçada de aço.

todo mundo
me encoraja a
me manter firme
nos meus sonhos
para passar o
tempo,

mas
o que acontece
quando seus sonhos
são pesadelos
que se
repetemrepetemrepetem?

– por favor, me acorde.

quem
eu
vou
ser
sem
ela?

como
eu
posso
ser
sem
ela?

ironia:
quando sua
irmã
saudável
& inteligente
& impressionantemente
linda
morre
menos de
um mês
antes
da sua mãe
doente terminal.

– ninguém percebeu que você estava
tão doente quanto.

minutos
antes de
sua mãe
ligar
para avisar,

senti
o cheiro
de baunilha
do seu
perfume

& minha
boca
se encheu de
um gosto
de terra.

– a morte é um dos sentidos.

filhos não
devem morrer
antes dos
pais.

eu não
devia ficar
mais velha do que
minha irmã mais velha.

era para
sermos
quatro irmãs,
não três.

você não devia
ser uma urna de cinzas
na mesinha de cabeceira
da sua mãe.

afinal de contas,
você era aquela
que sempre
brilhava.

– destino é a porra de uma mentira.

a pior
parte é nunca
ser capaz
de saber
se foi
                                        s u i c í d i o
ou não.

– a verdade me libertará.

ela
uma vez
fez a
promessa
de
me
salvar

quando
desde
o começo

nós
é que devíamos
tê-la
salvado
de
si
mesma.

– por favor, volte.

irmã...
onde quer que
você esteja agora
espero que tenha
uma praia.

– estrelas-do-mar me farão sempre lembrar de você.

segurei
a concha do mar
na minha orelha,

não na
expectativa
de escutar
o bater das
ondas do mar

mas com
a esperança premente
de capturar ao menos
um pequeno timbre
da sua voz

uma
última
vez.

– imortalizada numa mensagem.

foda-se,
câncer,

por ter me tirado
a possibilidade

da mãe
que eu nunca

mais vou
ter agora.

– *03/11/10.*

fui eu
que encontrei seu corpo

(você não estava num lugar
para ser encontrada),

a boca toda aberta,
grande o suficiente

para sugar todo o oxigênio
do quarto,

grande o suficiente
para se plantarem lírios nela,

grande o suficiente como se
tivesse chamado meu nome...

isto é, se ao menos você
se lembrasse dele.

– quero esquecer, esquecer, esquecer.

seu
atestado de óbito
afirma
que
você
morreu em
3 de novembro
às 3h03 da madrugada.
isso é
mentira.
você morreu
muito
antes disso.

– 3 não é mais o meu número da sorte.

quando
um ente querido
morre,
dizem
que você deve
abrir uma janela
para deixar sair
aquela última
respiração
arquejante,
então
a alma dele
pode
se
libertar.
mas a dela ainda
está aqui
comigo.
noite
após noite,
após noite,
ela bate
com os punhos
nas paredes
dos meus sonhos,
implorando
que eu lhe
mostre
a
                    saída.

– o outro lado.

num enterro:

lágrimas de dor
por uma vida que se foi
muito jovem,
muito cedo...
uma tragédia.

noutro:

lágrimas de alívio
por um sofrimento
que durou
tempo demais...
misericórdia.

– & no entanto ambas me deixaram vazia.

durante mais
da metade
do ano
eu ficava apavorada
toda vez
que o telefone tocava
com medo
de que fosse mais um aviso
de que alguém tinha morrido.

– outros três viriam.

todo mundo que amo está partindo.

a quantos
enterros pode
alguém ir
antes de completar
dezenove?

– a família amaldiçoada.

nunca
esperei que
a morte
fosse minha
companheira mais fiel,
mas ela é
a única
que virá
sem que eu
tenha que
chamar.

– a única que nunca irá embora.

o luto
se agarrou a
ela
como um
vestido
velho,
desbotado,
de segunda mão,
que pinica
e veste mal.

a morte

se

enrola

em volta

dos ossos

dela

como

um

pedaço

de

fio

vermelho.

uma imagem:

uma garota
com olheiras
debaixo
dos olhos
de dormir muito
ou pouco.

uma garota
com um
gato de coração partido
permanentemente
aninhado nos
braços dela.

uma garota
ignorando as pilhas
de livros preciosos
que a cercam
por todos
os lados.

uma garota
incapaz de fazer
chorar a si mesma
porque se ela
finalmente chorar
então isso quer dizer

que aconteceu mesmo.

será que
existe
alguma
coisa
como
o dia
das mães mortas?

meses depois
que minha mãe
morreu,
achei o livro
que ela estava
lendo
por último
com um recibo
ficando amarelo
ainda dentro dele,
marcando onde ela parou
& finalmente
me dei conta de que

você
nunca
vai terminar
esse livro específico
você nunca
vai começar
ou terminar
outro livro
nunca mais
você nunca
vai ver eu
me formar
na faculdade
você nunca
vai conhecer o amor
da minha vida
você nunca vai
estar presente no meu
casamento
você nunca
vai ler essas palavras

nós não vamos
nunca nunca nunca mais
sentar na varanda dos fundos
& contar uma a outra histórias de
fantasmas
com canecas de café
fumegante
nunca
nunca
nunca
mais.

&
tento
imaginar
o que você
iria
dizer
se eu
lhe contasse
que não fui
capaz de
rir
durante
muito tempo
porque quando eu ria,
alguém me dizia
que eu ria
igualzinho
a você,

mas
acho que isso
é apenas o
tipo
de coisa
que vou ter que
guardar para mim
& dar para você
mais tarde.

– para sempre colecionadora de palavras II.

tantas
horas
dias
meses
anos
da minha vida
desperdiçados
para que tivesse certeza
de que estava

v a z i a .

estou
apavorada
até a raiz
dos cabelos
porque podem existir
partes de mim
que nunca
mais
se

p r e e n c h a m .

– às vezes penso que seria melhor se alguém derrubasse a árvore inteira & começasse de novo.

ela
não vai
parar
de me
perseguir.

– *meu fantasma.*

ele
não vai
parar
de me
caçar.

– meu fantasma II.

foda-se a ideia
de que existe
essa coisa
de destino,
de que existe
algum tipo de
plano misterioso,
de que existe um deus que
simplesmente
não nos
dá nada
com que não possamos
lidar.

a dor
não fez
de mim
uma pessoa melhor.
não me
ensinou a não
dar as coisas
como certas.
não me
ensinou nada
a não ser como
ficar com medo
de amar alguém.

sou
muito
jovem
para estar tão
desgraçadamente

destruída
&
se eu pudesse voltar atrás
no tempo
& dar
a mim mesma
a infância dela
de volta,

eu daria.

– qual o objetivo?

talvez
eu ache
tão difícil
acreditar no
                    céu
porque
não sei
se vai
                    ter
                    poesia
lá.

– preocupações legítimas de uma mortal.

eu tinha um
sorriso largo
no meu rosto
quando queimei
as pontes
para todas as coisas
que eu não podia
restaurar.

– a fumaça ainda sufoca você?

foi preciso
perdê-lo
para finalmente
encontrar
a mim mesma.

foi preciso
perdê-lo
uma segunda vez
para estar segura
de mim mesma.

esse
foi meu
primeiro ato
de
amor-próprio.

– eu gostaria de lhe agradecer, mas nós dois sabemos que você não merece.

quem eu
teria
sido sem
a inspiração
por trás dos meus
                    demônios?

– *provavelmente não seria poeta.*

estou
presa entre
chorar
por você

&

pensar
que sua morte
me
salvou.

– você será capaz de me perdoar algum dia?

a princesa
pulou da
torre
& ela
aprendeu
que podia
voar
desde o começo.

– ela nunca precisou daquelas asas.

III. a rainha

era uma
vez,
uma princesa
que nasceu das cinzas
que seus amores-dragão
fizeram dela
&
se
coroou
a
porra da
rainha de
si mesma.

– como é que fica o felizes para sempre?

na minha
mente
sempre vejo você
sentada sozinha
na mesa da cozinha
fumando um cigarro
& bebendo café
& querendo estar
em qualquer outro lugar
menos
aqui
conosco.

– você era livre?

talvez
nós nos encontremos de novo
em outro lugar...
um lugar onde
o perdão cresça
tão adorável quanto
os tomates que você
costumava plantar
no seu
jardim.

– a esperança vermelha e brilhante que me faz ficar acordada tarde da noite.

três gerações
de mulheres
sentadas em volta da mesa
enorme da cozinha...

algumas bebericam
xícaras de café,
algumas bebericam
xícaras de chá.

apesar de nossas muitas diferenças,
estamos todas rindo tanto
que o trovão lá fora
tem que competir conosco.

ela não pode mais se sentar
aqui conosco
& tenho certeza de que todas nós podemos sentir
o peso da ausência dela,

mas mesmo quando todas as cadeiras estão
ocupadas
& as outras pessoas têm que ficar em pé,
ainda parece que há sempre
um lugar para ela.

– sua energia não pode ser destruída.

quando
minha mãe
morreu
finalmente
fui
conhecer
meu pai,
que eu
tinha visto
todos os dias
durante
dezenove
anos.

é verdade
o que
dizem:
o peso
da dor
compartilhada
pode tanto
fazer vocês
se aproximarem
ou
se
afastarem.

– nunca é tarde para um relacionamento.

quando você escolhe
se sentar num
trono
feito de
mentiras

&
corpos
de pessoas que
erroneamente pensavam
que podiam
c
o
n
f
i
a
r
em você,
a única
coisa que resta
a fazer
é
c
a
i
r.

– mas aposto que foi divertido enquanto durou.

o que
você vai fazer
quando todo mundo
parar de acreditar
nas suas
mentiras
manchadas de
batom vermelho?

– amigos podem partir seu coração também.

ah,
aposto
que você lamenta
fazer
de
mim
uma inimiga.

– um dorso, duas facas.

você pode
me odiar
para sempre
se é isso
que
realmente quer,

mas
amigos
não deixam
amigos
tornarem-se
dragões sonolentos,

não
quando
as marcas das garras
eram tão frescas
quantos as
minhas.

– machucar os outros é uma opção.

fico me perguntando
quantas vezes
você tocou nela
& teve que
fingir
que era
eu.

– isso ainda dói?

espero que você
a trate melhor
do que você
jamais
me tratou.

– você pode ter o meu perdão, mas não pode me ter.

por favor
acredite em mim
quando digo que
vingança
nunca
foi
a minha intenção.

– mas, no entanto, tem um gosto mais doce que mel.

você uma
trouxe agulha
& eu trouxe a linha.
queríamos remendar nossos
dois corações partidos,
mas terminamos
cosendo-os
j u n
tos.

se ele era
minha xícara de chá,
então você é
minha xícara de
café.

bem, é que o chá
não é
suficiente
para mim
às vezes,

mas
o café
pode me fazer
passar por
qualquer coisa.

– inventei você?

antes de ele me deixar,
embrulhou meu coração
em arbustos cheios
de espinhos & arame farpado
para ter certeza
de que ninguém mais
poderia entrar nele,
mas você estava
mais que disposto
a fazer suas mãos
sangrarem
por mim.

– você nunca se espetou.

o talento dele:

nunca
nem uma vez
teve que usar
as mãos
para tocar
cada uma & todas as
partes de
mim.

– ele podia me tocar mesmo do outro lado da estrada.

de algum modo,
minha alma
conhecia
a sua alma
antes que
tivéssemos tido
a chance
de nos encontrar.

– foi como voltar para casa depois de um dia muito, muito longo.

eu diria
que você tinha a chave
do meu coração,

mas você
nunca precisou
dela.

– desde o começo eu sabia que podia deixá-lo aberto para você.

I. ele me chama
de linda.

II. ele lê
todos os meus
livros favoritos
& depois
me pede
mais.

III. ele sabe
exatamente como
fazer meu café.
("suave e doce,
igual a você",
brinco com ele.)

IV. ele me pergunta
como estou
todo santo dia
&
genuinamente
se importa
com a resposta.

V. o melhor de tudo,
sei que ele
ainda vai me amar
quando
acordar
amanhã de manhã.

– cinco coisas que você me fez acreditar que não eram possíveis.

digo a ele,

"nós sempre
teremos nossos outubros.

– quando tudo o mais se apagar."

ele
me abriu
como um livro
& derramou a
poesia
dentro de mim
outra vez.

– *minha caneta & papel pessoais.*

uma lista de coisas vermelhas:

I. os cabelos dele.
II. nossos lábios.
III. minhas unhas.
IV. nossa respiração.
V. meus lençóis.

– valeu a espera.

flores
crescem
onde quer que
a ponta
dos dedos dele
me
toquem.

– *meu sol & chuva.*

i
s
s
o
:
você & eu,
ao cair da tarde em outubro,
com o ar um pouco frio,
narizes ficando rosa na ponta,
bebendo nossos cafés muito doces,
dedinhos entrelaçados,
esquecendo de tudo
& de todos.
isso, isso,
isso.

– 13/10/12.

meu amor?
ele é muito
melhor do que
livros.

– ficção não tem nada a ver com você.

meteoros
podem começar
espontaneamente

a
c
a
i
r

do
céu
no crepúsculo

& ele não olharia
para eles
tão deslumbrado

como olha quando
escuta minha
risada.

– você faz eu me sentir um fenômeno.

basta apenas
uma só palavra
sua

para fazer eu me
sentir como
se pudesse

comandar
todos os exércitos
do mundo

&
dominar
reinos

&
direcionar
os oceanos

&
por fim derrotar a
luz do inverno.

– sou forte o bastante para qualquer coisa.

estou tão contente que
tenhamos nascido
neste mesmo
tempo.

– posso não acreditar em destino, mas acredito em você.

preciso das suas
manhãs
preguiçosas, bebendo café.

preciso das suas
torradas francesas
famosas.

preciso das suas
tardes
colhendo abóboras.

preciso dos seus
passos me seguindo
enquanto vasculho a livraria (de novo).

preciso das suas
roupas
espalhadas pelo chão
da ~~minha~~ nossa casa.

preciso dos seus
olhares enviesados
que só eu entendo.

preciso dos seus
momentos tarde da noite
confortavelmente calmos.

preciso
de tudo
isso.

– você é um poema de verdade, querido.

o sorriso dele faz meus ossos doerem.

– uma dor bem-vinda.

quando vejo
suas peças claras
junto com
minhas peças escuras
começo a
entender por que
dizem que
os opostos se atraem.

– *chiaroscuro.*

no inverno,
são os flocos de neve.

na primavera,
as gotas de chuva.

no verão,
as pétalas de flor.

no outono,
as folhas.

todas essas coisas
caem em algum momento,

mas nenhuma delas
tem uma queda igual

a que tenho por você
quando acordo todas as manhãs.

– todos os clichês foram escritos por nossa causa.

eu sinto muito
por todas as vezes
em que os

dragões
sombrios e
diabólicos

que vivem nos
meus recantos
mais escuros
vieram
rugindo,
lançando fogo,
funestamente determinados
a
extinguir

toda a luz
em você.

– por favor, não vá.

a constelação
das estrelas
d i s p e r s a s
nas
costas dele
é o
mapa
que me guia
para casa
toda vez
que me sinto
perdida.

– você é o meu lar.

I. um livro adorado.
II. um dia frio e nublado.
III. uma caneca de café.
IV. um cobertor quentinho.
V. você.

– as únicas coisas de que preciso para
me sentir livre.

ele
não me ensinou
como
amar
a mim mesma,
mas ele
foi
a ponte
que
me ajudou
a chegar
lá.

– agradeço ao universo todos os dias por você.

ele me levou
pela
ponte
marcada com
nossos nomes,
e
se
ajoelhou,
& abriu
meu livro
favorito...
aquele
com a
linda princesa
& seu próprio
livro adorado
na capa.

dentro dele
achei

a minúscula e
perfeita
esperança
de um anel de ametista.

– para sempre.

eu
deixei a mim mesma
saber
que minha vida
não
precisa acabar
apenas porque
a delas terminou
& fui
em frente
& pintei
o sol
de volta no
meu céu.

– tenho permissão para viver a minha vida.

"o que você está
pensando em fazer
depois que se formar?"

~~"eu vou~~
~~abrir~~
~~a cabeça das~~
~~pessoas~~
~~& plantar~~
~~um jardim~~
~~colorido~~
~~em cada~~
~~cérebro."~~

~~"eu vou~~
~~entrelaçar~~
~~um colar~~
~~de palavras~~
~~para cada~~
~~pessoa~~
~~que encontrar."~~

~~"pela primeira vez~~
~~na minha vida~~
~~vou~~
~~ter certeza de que~~
~~alguém finalmente~~
~~está me~~
~~ouvindo."~~

"eu não sei."

– & tudo bem não saber.

ficção:
    o oceano
    em que
    mergulho
    de cabeça
    quando
    não posso
    mais
    respirar
    na
    realidade.

– uma sereia fugitiva II.

por décadas
os livros se tornaram
tanto uma parte
dela

que
a tinta
de algum modo vazou
das suas veias

& floresceu
nas suas palavras
preferidas & imagens
na sua pele.

agora
o mundo
não tem
mais dúvida:

ela
era a
garota
feita de páginas.

– da página para a pele.

quando eu morrer
não
perca
um minuto
chorando por mim.
posso ir embora
mas vou
deixar para trás
todas as minhas
mil & uma
vidas.

– uma garota louca por livros nunca morre.

todos os oceanos
& galáxias
não
conspiraram juntos
para me criar
apenas para que eu pudesse
reproduzir para
você.

– fato alarmante #1.

eu gostaria de comer
só uma única refeição
sem me sentir

culpada.

– a cura está a caminho.

eu gostaria de me olhar
no espelho
sem imediatamente

desviar os olhos.

– a cura está a caminho II.

se eu tiver
uma filha
algum dia,
a primeira
coisa
que vou
ensiná-la a amar
será
a palavra
"não"
&
não
vou
deixar que ela se sinta
culpada
por usá-
la.

– "não" é uma abreviação para "foda-se".

eles dizem
que só querem
flores
crescendo da
minha boca.

então vou
olhá-los
direto
nos
olhos

quando eu
enfiar
pétalas suaves
por entre
meus lábios,

mastigá-las
com
minha mandíbula
completamente
desarticulada,

& cuspi-
las
no chão
aos
pés deles.

– nunca serei igual às suas expectativas.

eu sou
uma tigresa
que ganhou
listras
mais macias do que veludo.

– uma ode às minhas estrias.

eu sou
uma leoa
que não tem mais
medo de deixar o mundo
ouvir seu
rugido.

– uma ode a mim.

eu
espero
que você
possa se sentir
orgulhosa
no seu
coração
da
mulher
que me tornei
apesar
de
você.

– ainda esperando por açúcar em vez de sal.

&
o dragão
voltava voando
para a garota
(como os dragões fazem)

esperando encontrar
a donzela destroçada
que ele abandonara
muito tempo
atrás.

ele ficou
horrorizado
de encontrar a
rainha poderosa
de pé na frente dele.

afinal de contas,
apenas rainhas
têm o poder
de exterminar dragões
como ele.

ele ousou
se sentar
no trono
que ela construiu com suas
próprias mãos

&
disse que ela
nunca seria forte o suficiente

para governar sozinha.
a rainha
olhava direto
na cara do dragão
e ria
das suas palavras tolas

então
soltou
sobre ele
o fogo que dança
nas suas mãos.

– açúcar, tempero & fogo.

eu vou
pegar
os espinhos
com sangue
que eles
enfiaram
em você
&
com eles
vou
ensinar você
a tecer
a coroa
que
merece.

– você é mais forte do que eu jamais soube.

IV. você

ataque a biblioteca.
leia tudo
em que colocar
suas mãos
& mais
alguma coisa.

vá em frente,
colecione palavras
& comece a poli-las
até que brilhem
como a luz das estrelas
na palma da
sua mão.

faça das palavras
a sua melhor arma...
uma espada dourada
para lançar
seus inimigos
p
o
r
t
e
r
r
a.

– um tipo de plano de sobrevivência.

se a poesia é
uma casa

tomada
por chamas

então corro
de volta para ela

para salvar cada uma &
todas as palavras

para que eu possa
atravessá-las

junto com
você.

– palavras devem salvar, não queimar.

árvores
têm palavras
que o vento
não pode levar,
então devemos
escrever
nelas
as histórias
até que não sobre
nenhuma
para
contar.

– escreva a história.

escreva a história.

enfie
suas mãos
nas partes mais
sujas de si mesma.

pegue a
podridão & a deterioração
& transforme-as em
alimento & vida.

regue a planta
& cante para ela
& a coloque na
luz do sol.

cultive um belo jardim
das suas dores
& ensine a si mesma
como crescer a partir disso.

escreva sua história.

– o sinal que você estava esperando.

1. preencha o espaço vazio:
   poesia é _________________________.

– *qualquer coisa que você quiser que ela seja.*

se você
não quer
terminar no
poema
de alguém,
então talvez
você deva
começar
a tratar
as pessoas
melhor
para
variar.

– uma poeta que não pede desculpas.

quando você vive
em nova york
ou nova jersey

é quase
um rito de passagem
quando alguém
pula na frente
do seu trem.

o primeiro pensamento
é sempre
"vou chegar
atrasada ao trabalho".
nunca é
"que tragédia,
ela achava que
não havia mais
nenhuma saída".

mas é.
é a porra de
uma tragédia
quando
o mundo
não para
para você
mesmo quando
você lhe deu
até a última
gota do seu
sangue.

– nunca fiquei sabendo do seu nome, mas me importo com você.

eu ando até
onde a rua
encontra a
calçada.

um homem
vem até mim
implorando que eu
o deixe saber

se estou vendo algumas
fotos de família,
no chão lamacento
e cheio de lixo.

ele não liga
que a casa dele
tenha sido reduzida a
uma pilha de destroços,

que ele tenha perdido
cada última peça de roupa
cada último livro,
cada último aparelho eletrônico.

ele
apenas quer
um jeito de
lembrar.

– furacão sandy.

não há
água da chuva
suficiente
no céu
todo
para lavar
o
sangue
inocente
das
suas mãos.

– a vida deles importará sempre.

você foi
enviado
das estrelas

da maneira exata
que devia
ser...

da maneira
que você
amaria,

da maneira
que você
cobiçaria,

& da maneira
que você encontraria
suas asas...

& ninguém
deve
ter

o poder
de levá-las
embora
de você.

– você merece sua pulsação.

um
mundo
onde todos

os seres humanos
sejam cuidados

não deve ser chamado

de um mundo
"revolucionário"

& no entanto
é.

– queima.

nós somos a geração
a quem você deu um
troféu de participante.

nós somos a geração
que você fez usar capacetes,
cotoveleiras & joelheiras.

nós somos a geração
a quem você deu cds censurados
& filmes com classificação indicativa.

nós somos a geração
a quem você passou anos superprotegendo
e depois jogou aos lobos.

agora nós somos a geração
que segue em frente com nada a não ser
café
& três horas de sono.

nós somos a geração
trabalhando por um salário mínimo
com diploma universitário.

nós somos a geração
ganhando só o suficiente
para sobreviver.

nós somos a geração
que você não queria ver fracassando
então se assegurou de que fracassássemos.

– millennials.

emily...
quase sempre
me pego
pensando
se você ainda está
lá fora
tentando achar
a si mesma com
luz de velas.

sylvia está
ao seu lado,
mostrando
o caminho com
a velha
fanfarronice
das
batidas de
seu coração?

será que
virginia
tem
um quarto
só dela?
& que dizer de
harriet
& anne
& harper?

será que
uma mulher
algum dia

fica em
paz?
ou é a morte
nossa única
esperança
coberta de penas?

– estarei lá com fósforos.

os seus quadris
tentarão irromper
pela sua pele.

suas coxas
tentarão se unir
como a cauda de uma sereia.

um jardim agradável
brotará
por sobre elas.

(& entre as suas pernas,
em cima dos seus lábios,
nas suas axilas, etc.)

não, você não
está aqui apenas para ser
sexy para ele.

o mundo começa
& termina
quando você diz isso.

– o que eles não querem que você saiba.

a comida
não
é
o
inimigo.

– a sociedade é.

se você sempre
olha para
o seu reflexo
& sente o desejo
de dizer a si mesma

que não é
boa o suficiente
bonita o suficiente,
magra o suficiente
gostosa o suficiente,

então acho
que é hora
de você quebrar
esse espelho
em pedaços,

não acha?

*– use esses estilhaços para traçar o caminho
para amar a si mesma.*

estou
bem segura de
que você tem
                    p o e i r a   d e   e s t r e l a s
correndo
por
essas
                    v e i a s .

– as mulheres têm um tipo de magia.

I. você vai
passar em meio às pessoas
que simplesmente não podem
esperar
para ver você fracassar.

II. existirão muitas vezes
nas quais você
fracassará
(miseravelmente),

III. mas suas derrotas
são apenas o que aconteceu...
elas não têm que ser
quem você é.

IV. tudo o que você pode fazer
é pegar aqueles erros
& usá-los como fertilizantes
que ajudem você a crescer.

V. você tem que
continuar indo em frente
não importa o que
as vozes delas digam.

– a vida ainda vale ser vivida.

as folhas
vão
se transformar.

as folhas
vão cair
em espiral para o
chão.

as folhas
vão
voltar melhores
do que nunca
foram

& querida,
você
também.

você
também.

– as certezas do outono.

você
não é
obrigada
a ter
filhos
só porque
o seu corpo
tem essa
capacidade.

você
é muito
muito
muito
muito mais
do que a
possibilidade
de ter
filhos.

você dá
à luz
a oceanos
todo
santo
dia.

– sua vizinha cordial que odeia homens e come criancinhas.

seja uma
sereia.

seja uma sereia
que não sossega
quando agita
a água bem devagar.

seja uma
sereia
que não
para até fazer
ondas no mar.

seja uma
sereia
que sabe
parar antes
que devaste
o mundo com
tsunamis.

– não deixe que o mundo leve sua bondade.

você
não fez
absolutamente
nada
para
merecer
isso.

– foda-se a cultura do estupro.

repita comigo:
você não deve
a ninguém
o seu
perdão.

– exceto talvez a si mesma.

o amor
que algumas garotas
têm por
outras garotas
é
muito delicado
& muito suave
& muito lindo pra caralho,
&
essas garotas
merecem
ter
histórias melhores
do que aquelas
em que
são assassinadas
porque amam
com todo
o coração
delas.

– o amor nunca é uma fraqueza.

a única coisa
necessária
para se ser
uma mulher
é se
identificar
como uma.

– ponto final, fim da história.

sua felicidade
vem antes

da felicidade
de qualquer pessoa.

– o significado verdadeiro de "respeito por si mesma".

apenas porque
eles não
batem em você
não significa que
não é
abuso.

você não
pensaria que
é um crime
olhar para o céu
bem alto
à noite
& dizer
às estrelas
que elas não têm
nenhum brilho?

adivinhe?
você brilha
muito mais
do que todas as
estrelas
que já
existiram
ou que
existirão.

– abuso emocional continua a ser abuso.

você está certa...

você tentou
& tentou
& tentou
& depois tentou
mais um pouco,

mas talvez
eles apenas não
sejam capazes
de amar você
afinal de contas.

agora eu lhe pergunto:
e daí?

– o único amor de que você precisa é o seu.

você merece
alguém
que faça
você se sentir
como a
criatura
de outro mundo
que você é.

– você mesma.

desconfie
dos garotos que

só dizem
meias verdades

porque eles
apenas vão

amar você
pela metade.

– acabe com esses dragões.

não se
iluda:

existirão
dragões.

o que eles não
sabem é que

você sempre estará
pronta com

uma brasa cravada
entre seus lábios

& um fósforo se equilibrando
entre seus dedos.

aqui está a diferença vital
entre vocês:

eles queimam para matar
e você queima para viver.

– que eles nunca mais subestimem você.

quando
alguém
se oferece para
salvar você
faça disso
a missão
para
salvar a si mesma.

– acredito em você.

o fim.

querido leitor,
você
chegou
agora
ao fim da
minha história.

quero
lhe agradecer
por seguir nessa
jornada
exaustiva
junto comigo.

por favor, saiba que
a cada palavra
que você leu,
ficou muito mais
fácil para mim
r e s p i r a r .

– amanda lovelace

pendente:
o seu próprio final feliz.

– você vai chegar lá.

agradecimentos especiais

I. a meu sol & chuva, que acreditou que eu podia escrever este livro, mesmo quando eu não acreditava.
II. a meu pai, que provavelmente não sabia que eu era escritora, mas ficará muito orgulhoso de eu ter escrito este livro.
III. a minha irmã-protetora, que não imaginaria desistir de mim, mesmo nos momentos mais obscuros.
IV. a toda minha família, que sempre me encorajou a seguir em frente, mesmo que isso significasse me tirar da minha zona de conforto.
V. a meus primeiros leitores (christine, mira, danika, shauna, rob, mason, lauren & michaela), que choraram ao ler este livro & – o mais importante – apontaram minhas inconsistências & corrigiram grande parte dos meus erros de gramática.

sobre a autora

amanda lovelace é poeta e contadora de histórias e vem compartilhando suas palavras no café do seu bairro & nos blogs tumblr. ela vive em nova jersey com seu noivo e se formou em literatura de língua inglesa pela brookdale comunity college em 2014 & agora está fazendo pós-graduação em literatura de língua inglesa e sociologia na kean university. o que ela vai fazer depois disso, ninguém sabe – nem ela mesma. por ora, você pode encontrá-la lendo qualquer coisa que lhe caia nas mãos, escrevendo quando deveria estar prestando atenção na aula, pensando em escrever mas não escrevendo, bebendo uma quantidade extraordinária de café & postando textos sobre livros em blogs. acima de tudo ela ama qualquer coisa relacionada a gatos, e também é uma entusiasta obstinada de sereias. ela se considera feminista & defensora da justiça social. você pode também encontrá-la como *ladybookmad* no twitter, instagram & tumblr.

visite amandalovelace.com

QUER SABER MAIS SOBRE A LEYA?

Em www.leya.com.br você tem acesso a novidades e conteúdo exclusivo. Visite o site e faça seu cadastro!

A LeYa também está presente em:

facebook.com/leyabrasil

@leyabrasil

instagram.com/editoraleya

skoob.com.br/leya

IMPRESSO EM PAPEL Pólen® mais prazer em ler

1ª edição	Novembro de 2017
papel de miolo	Pólen Soft 70g/m²
papel de capa	Cartão supremo 250g/m²
tipografia	Palatino
gráfica	